0

10

cero

zéro

diez

dix

20

30

veinte

vingt

treinta

trente

40

cuarenta

quarante

50

cincuenta

cinquante

60

sesenta

soixante

70

setenta

soixante-dix

80

ochenta

quatre-vingt

90

noventa

quatre-vingt-dix

100

cien

cent

1000

mil

mille

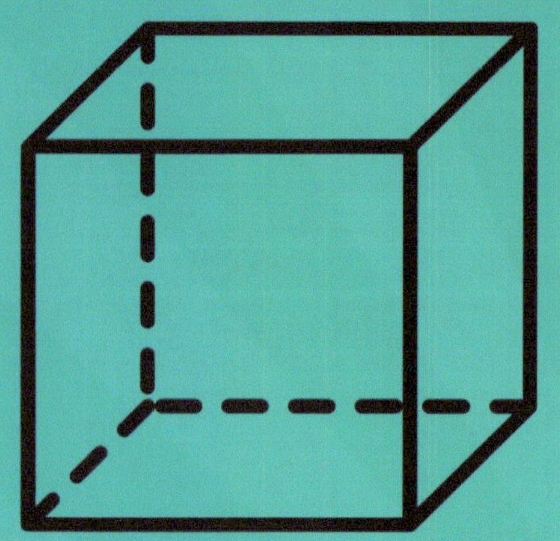

cubo

cube

bloque de juguete

bloc

cubo de hielo

glaçon

caramelo

caramel

azúcar

sucre

dados

dé

caja de regalo

boite cadeau

caja de cartón

boîte en carton

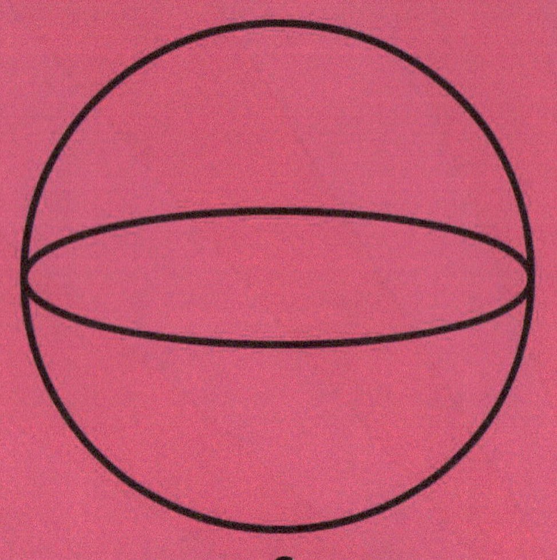

esfera

sphère

cuchara para helado

boule de glace

perla

perle

burbuja

bulle

canicas

billes

planeta

planète

bola de nieve

boule de neige

pelota de tenis

balle de tennis

cilindro

cylindre

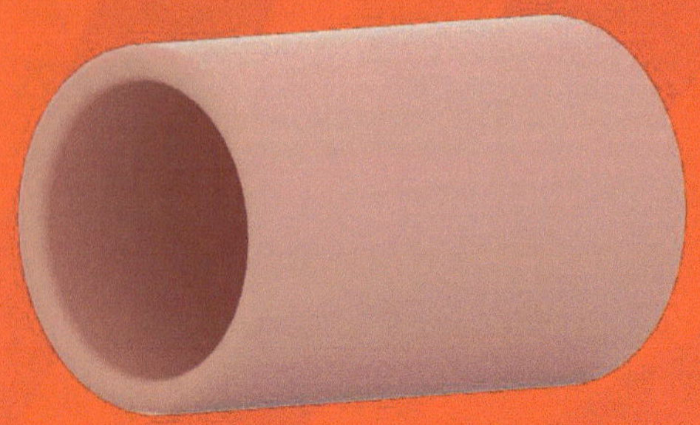

tubo

tube

baterías

piles

carrete de hilo

bobine de fil

canela

cannelle

rodillo

rouleau à pâtisserie

salchicha

saucisse

paca de heno

botte de foin

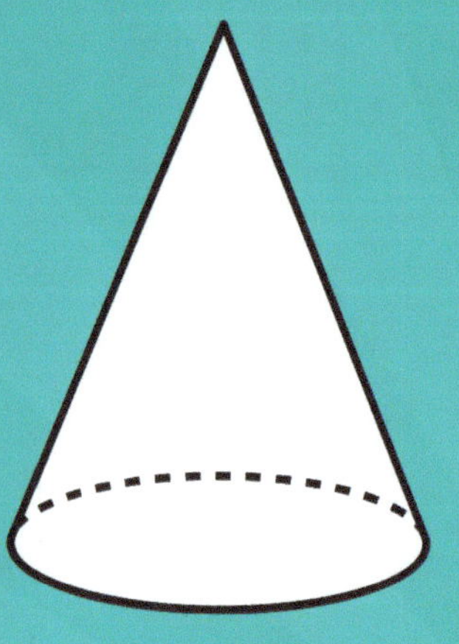

cono

cône

cono de tráfico

cône de signalisation

cono de helado

cornet à glace

sombrero de bruja

chapeau de sorcière

mazmorra

donjon

abeto

sapin

sombrero de fiesta

chapeau de fête

caracol

escargot

mora

mûre

grosella

🇫🇷 groseille
🇨🇦 gadelle

clementina

clémentine

durián

durian

fruta del dragón

🇫🇷 **fruit du dragon**
🇨🇦 **pitaya**

yaca

jacquier

carambola

carambole

espárragos

asperge

rábano

radis

frijol rojo

haricot rouge

nabo

navet

mandioca

manioc

ñame

patate douce

garbanzos

pois chiches

águila

aigle

murciélago

chauve-souris

castor

castor

flamenco

flamant rose

cuervo

corbeau

mirlo

merle

herrerillo azul

mésange

urraca

pie

golondrina

hirondelle

alondra

alouette

periquito

perruche

pájaro carpintero

pivert

pavo real

paon

loro

perroquet

tucán

toucan

cigüeña

cigogne

coral marino

corail

anémona de mar

anémone de mer

erizo de mar

oursin

caballito de mar

hippocampe

pez payaso

poisson-clown

pez dorado

poisson rouge

cangrejo

crabe

cangrejo ermitaño

bernard-l'ermite

delfín

dauphin

narval

narval

pulpo

pieuvre

calamar

calamar

tiburón ballena

requin-baleine

orca

orque

ballena azul

baleine bleue

ballena beluga

béluga

tiburón martillo

requin-marteau

tiburón blanco

requin blanc

tiburón limón

requin citron

tiburón tigre

requin tigre

saltamontes

sauterelle

oruga

chenille

escorpión

scorpion

lagarto

lézard

dinosaurios

dinosaures

pelo negro

cheveux noirs

pelirrojo

cheveux roux

pelo castaño

cheveux bruns

pelo rubio

cheveux blonds

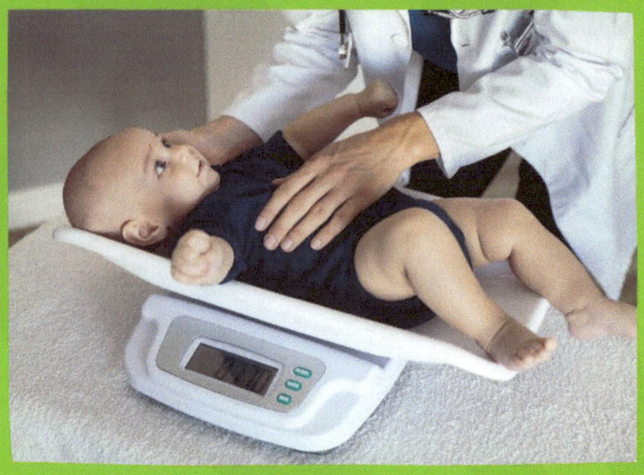

báscula

balance

hospital

hôpital

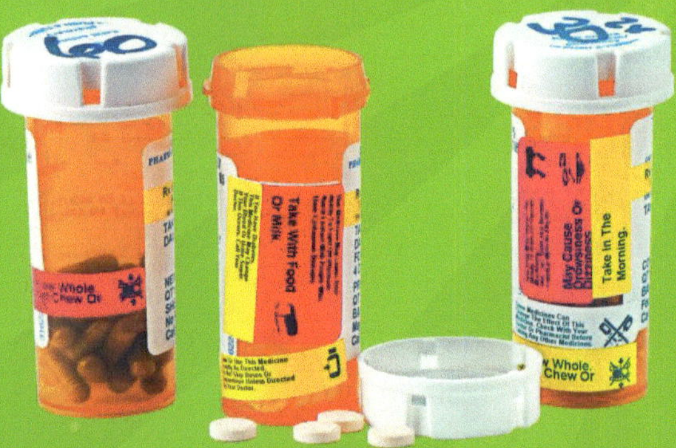

medicina

médicament

termómetro

thermomètre

vendaje

pansement

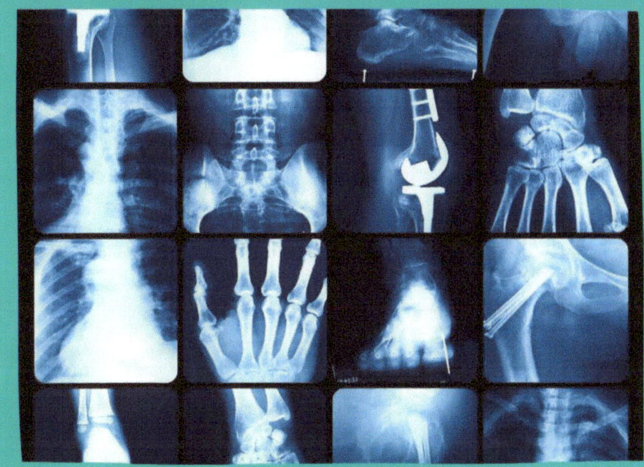

radiografía

radiographie

doctor

docteur

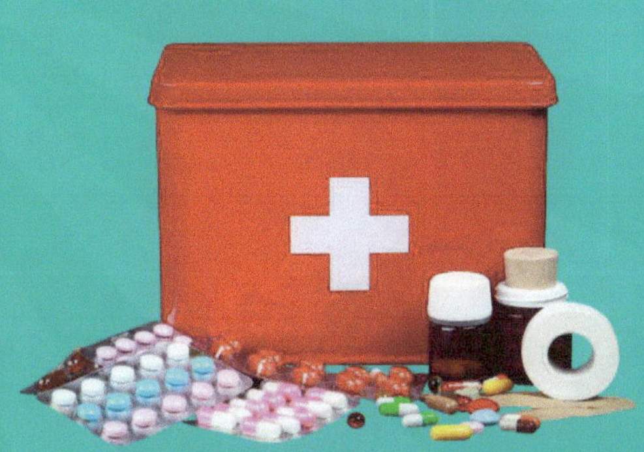

kit de primeros auxilios

trousse de secours

jugar

jouer

dibujar

dessiner

contar

compter

escribir

écrire

baile

danse

natación

natation

esquí

ski

baloncesto

basket-ball

tenis

tennis

ping pong

ping pong

fútbol

football

soccer

equitación

équitation

hockey sobre hielo

hockey sur glace

judo

judo

boxeo

boxe

carrera

course à pied

béisbol

baseball

grillo

cricket

rugby

rugby

voleibol

volley-ball

maracas

maracas

pandereta

tambourin

xilófono

xylophone

violín

violon

piano

piano

guitarra

guitare

violonchelo

violoncelle

arpa

harpe

tambor

tambour

djembé

djembé

batería

batterie

trompeta

trompette

trompa

cor d'harmonie

saxofón

saxophone

flauta

flûte

auriculares

casque

cantar

chanter

partitura

partition

micrófono

micro